"铁路安全管理条例"宣贯丛书

铁路职工安全生产必读

本书编写组 编

图书在版编目（CIP）数据

铁路职工安全生产必读 / 本书编写组编. —北京:人民交通出版社, 2013.11

ISBN 978-7-114-10976-8

Ⅰ.①铁… Ⅱ.①铁… Ⅲ.①铁路运输—交通运输安全 Ⅳ.①U298

中国版本图书馆CIP数据核字(2013)第258279号

书　　名：铁路职工安全生产必读
著 作 者：本书编写组
责任编辑：李　斌　夏　韡
出版发行：人民交通出版社
地　　址：(100011) 北京市朝阳区安定门外外馆斜街 3 号
网　　址：http://www.ccpress.com.cn
销售电话：(010)59757973
总 经 销：人民交通出版社发行部
经　　销：各地新华书店
印　　刷：北京盛通印刷股份有限公司
开　　本：880 × 1230　1/64
印　　张：1.5
字　　数：35 千
版　　次：2013 年 11 月　第 1 版
印　　次：2014 年 3 月　第 2 次印刷
书　　号：ISBN 978-7-114-10976-8
定　　价：10.00 元

前　言

为加强职工安全教育培训工作，帮助铁路职工了解和掌握相关安全管理制度，增强铁路建设、运输、设备制造维修单位一线职工的安全意识和操作技能，本书编写组编写了《铁路职工安全生产必读》。本书在《铁路安全管理条例》的基础上，对与铁路职工密切相关的安全基本常识、安全管理注意事项以及事故避险、急救措施等相关问题作了说明。本书图文并茂、通俗易懂，再现了铁路建设施工、设备制造维修、运输生产等场景，适合铁路建设、运输、设备制造维修单位一线职工阅读学习。

本书编写组

《铁路安全管理条例》已经颁布了，自 2014 年 1 月 1 日起开始施行，请大家注意学习！

铁路安全管理条例

目　录

认识安全标志

在我们的建设工地上，可以看到有许多红色、黄色和蓝色的标志，有的是贴在墙上，有的是装在设备上，还有的悬挂在空中……您知道它代表什么意思吗？有什么作用吗？我们收集了铁路建设项目现场的安全标志，让我们一起来学习吧！

禁止标志

红色表示危险、禁止、紧急停止的含义，用于禁止标志、停止信号以及禁止触动的部位，基本形式是带斜杠的圆边框。铁路职工常见的有以下 18 种。

禁止放置易燃物

禁止合闸

禁止携带托运有毒物品及有害液体

禁止抛物

禁止入内

禁止吸烟

禁止烟火

禁止堆放

禁止通行

禁止攀登

禁止停留

禁止跨越

禁止转动

禁止乘人（吊篮）

禁止单扣吊装

禁止携带武器或仿生武器

禁止携带托运易燃及易爆物品

禁止携带托运放射性及磁性物品

警告标志

黄色是表示警告、提醒对周围环境引起注意的含义，基本形式是三角形的边框。铁路职工常见的有以下 30 种。

当心触电

当心吊物

当心伤手

当心弧光

当心火灾

当心滑坡

当心机械伤人

当心坑洞

当心电缆

当心落物

当心塌方

当心坠落

当心中毒

当心扎脚

注意安全

当心挤压

当心碰头

当心挤手

当心低温

当心高温表面

当心激光

当心叉车

当心车辆

当心火车

当心障碍物

当心跌落

当心滑倒

当心落水

当心缝隙

当心爆炸

指令标志

蓝色是表示强制必须做出某种动作或采用防范措施的含义，基本形式有圆形边框。铁路职工常见的有以下 15 种。

必须戴防护眼镜

必须戴防护手套

必须戴防毒面具

必须佩戴遮光眼镜

必须系安全带

必须戴护耳器

注意通风

必须戴安全帽

必须戴防护帽

必须穿防护鞋

必须穿救生衣

必须穿防护服

必须洗手

必须加锁

必须接地

提示标志

绿色表示通行、安全和提供某种信息的含义，基本形式是正方形或边框。常见的有以下 8 种。

紧急出口

避险处

应急避难场所

可动火区

击碎板面

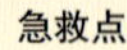

急救点

应急电话

紧急医疗站

铁路职工的权利与责任

在施工现场，不管你是谁，你做的是什么事，我们每个人必须要遵守劳动纪律。当然我们在工作生产中也有自己的合法权益。看看下面的内容吧……

劳动安全纪律

- 要自觉遵守安全生产制度，上岗、转岗前必须参加安全培训。
- 正确佩戴和使用劳动防护用品。

安全帽

进入工地时必须正确佩戴安全帽，并系紧颌带，女工的发辫一定要盘在帽内。

安全带

在高处从事作业时，必须正确系好安全带，并挂好带扣，确保安全。

工作服

在作业时一定要穿上符合要求的工作服，特殊作业还要满足“三紧”（袖口紧、下摆紧、裤脚紧）的要求。

防滑鞋

从事高处作业时，必须要穿好防滑鞋。

防护手套

在操作机具作业、用电作业时，必须戴好防护（绝缘）手套。

帆布手套

防静电手套

过胶棉纱手套

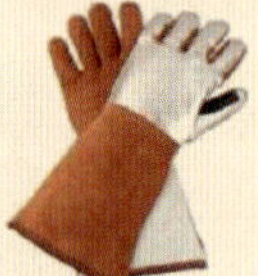

电焊手套

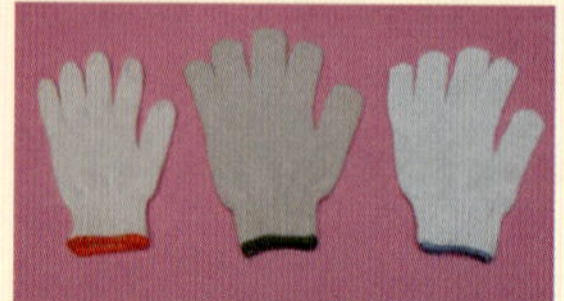

棉纱手套

● 要认真参加班前会教育，作业中听从现场专人的指挥。

● 非专业人员严禁擅自接电、违规用火，不熟悉作业区禁入。特殊工种人员，必须持证上岗。

- 严禁高空抛物，稳妥安放机电、机具和使用工具。
- 遵守驻地及个人卫生制度，不食用过期、霉变和有毒食品。
- 生病不作业，疲劳不作业，酒后不作业。

劳动安全权利

- 享有签订劳动合同、获得意外伤害保险的权利。
- 享有休息休假、接受职业技能和岗前安全生产教育与培训的权利。
- 享有获得符合标准的劳动保护用品的权利。

- 享有了解施工现场和作业岗位存在危险因素以及防范措施的权利。
- 享有对违章指挥和强令冒险作业的拒绝权利。

• 享有对安全生产工作的建议权以及对安全生产工作提出批评、检举和控告的权利。

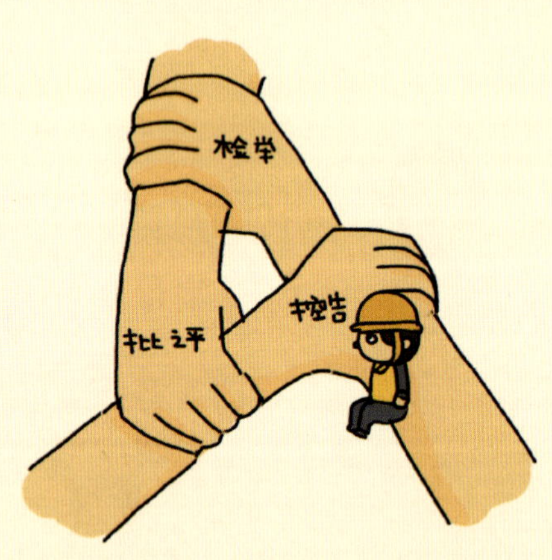

● 享有作业中发生危及人身安全紧急情况时立即停止作业或在采取必要措施后撤离危险区域的权利。

● 享有因工受伤获得及时救治和工伤保险待遇的权利。

劳动安全责任

- 负有履行劳动合同、遵守劳动纪律的责任。
- 负有接受岗前安全生产教育和培训、掌握安全操作技能的责任。
- 负有规范佩戴和使用劳动保护用品、保护现场安全防护设施的责任。
- 负有不伤害自己、不伤害别人和不被别人伤害的责任。

• 负有服从正确管理、遵守安全规程、不违章作业的责任。

• 负有听从他人合理建议、及时纠正错误、接受管理人员及相关部门批评劝告的责任。

• 负有施工中发生危及人身安全紧急情况时及时避险、及时报告的责任。

• 负有发生事故后吸取事故教训、改正不良习惯的责任。

铁路线路安全管理规定

铁路线路经过城市、郊区、乡镇、农村，以及其他一些无人居住的地区，有河流、山地、公路等，因此沿线需要设置桥梁、隧道、立交等设施，需要设置一些安全防护的设施，同时有一些安全管理的规定。下面我们选取了铁路线路安全管理的相关规定，其中包括：铁路安全保护区的设置及其有关规定，铁路桥梁防护设施的规定，铁路道口的安全设施和规定，铁路沿线施工规定等。

安全保护区范围

铁路线路安全保护区的范围，指从铁路线路路堤坡脚、路堑坡顶或者铁路桥梁（含铁路、道路两用桥，下同）外侧起向外的距离。

高速铁路：市区为 10 米，城市郊区居民居住区为 12 米。

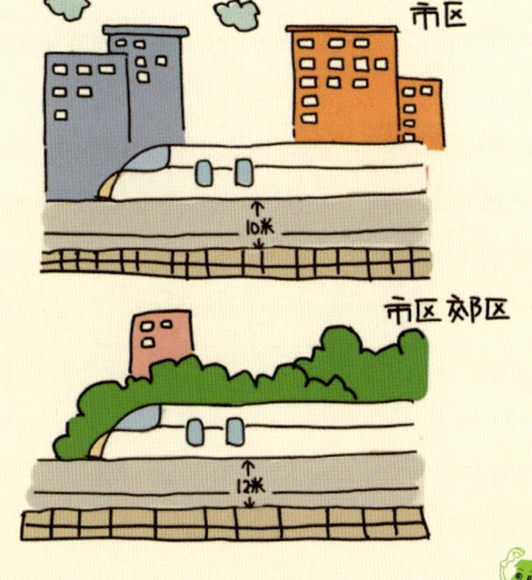

高速铁路：村镇居民居住区为 15 米，其他地区为 20 米。

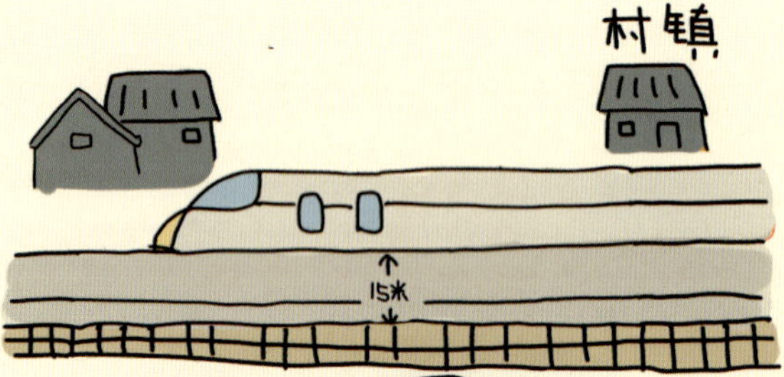

其他铁路：市区为 8 米，城市郊区居民居住区为 10 米。

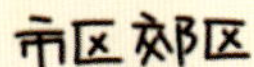

其他铁路：村镇居民居住区为 12 米，其他地区为 15 米。

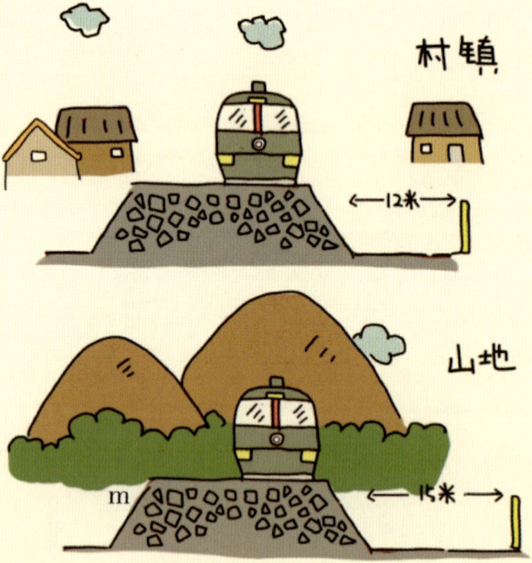

安全保护区内经铁路运输企业同意方可实施的行为

在铁路线路安全保护区内，下列行为是要经铁路运输企业同意才可以实施的：建造建筑物、构筑物等设施，取土、挖砂、挖沟、采空作业，堆放、悬挂物品。

对安全保护区内已有建筑物的处置

铁路线路安全保护区内已有的建筑物、构筑物危及铁路运输安全的，应当采取必要的安全防护措施。

采取安全防护措施后仍不能保证安全的，依照有关法律的规定应拆除。

铁路、道路两用桥的维护

铁路、道路两用桥由所在地铁路运输企业和道路管理部门或者道路经营企业定期检查、共同维护，保证桥梁处于安全的技术状态。

重要桥梁、隧道由武警守卫

铁路的重要桥梁和隧道按照国家有关规定由中国人民武装警察部队负责守卫。

船舶通过铁路桥梁的规定

船舶通过铁路桥梁应当符合桥梁的通航净空高度并遵守航行规则。

桥区航标的设置和维护

桥区航标中的桥梁航标、桥柱标、桥梁水尺标由铁路运输企业负责设置、维护，水面航标由铁路运输企业负责设置，航道管理部门负责维护。

下穿铁路桥梁的道路设置防护架

下穿铁路桥梁、涵洞的道路应当按照国家标准设置车辆通过限高、限宽标志和限高防护架。

限高防护架的维护

限高防护架在铁路桥梁、涵洞、道路建设时设置，由铁路运输企业负责维护。

道路安全防护设施

铁路线路安全保护区内的道路和铁路线路路堑上的道路、跨越铁路线路的道路桥梁，应当按照国家有关规定设置防止车辆以及其他物体进入、坠入铁路线路的安全防护设施和警示标志。

铁道路口应当设置哪些标志

铁路与道路交叉的无人看守道口应当按照国家标准设置警示标志。

距离铁路道口：50 米　　100 米　　150 米

（斜杠符号　单位：cm）

有人看守道口应当设置移动栏杆、列车接近报警装置、警示灯、警示标志、铁路道口路段标线等安全防护设施。

全封闭管理的规定

设计开行时速 120 公里以上列车的铁路应当实行全封闭管理。铁路建设单位或者铁路运输企业应当按照国务院铁路行业监督管理部门的规定在铁路用地范围内设置封闭设施和警示标志。

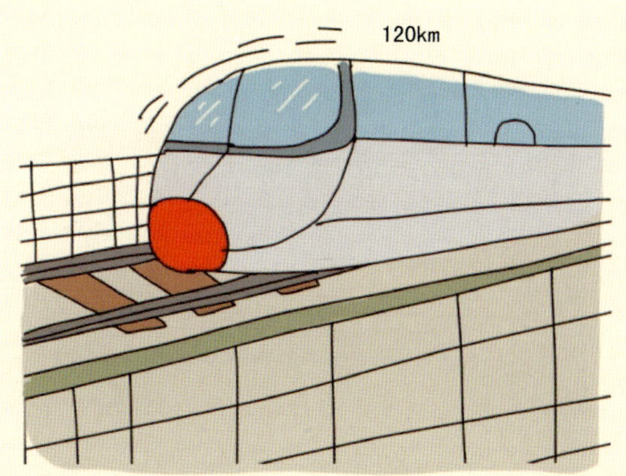

立体交叉设置

新建、改建设计开行时速 120 公里以上列车的铁路或者设计运输量达到国务院铁路行业监督管理部门规定的较大运输量标准的铁路，需要与道路交叉的，应当设置立体交叉设施。

应当设置警示、保护标志的地点

铁路运输企业应当按照国家标准、行业标准在下列地点设置易于识别的警示、保护标志：1. 铁路桥梁、隧道的两端；2. 铁路信号、通信光（电）缆的埋设、铺设地点；3. 电气化铁路接触网、自动闭塞供电线路和电力贯通线路等电力设施附近易发生危险的地点。

营业线施工规定

• 铁路建设单位应当会同相关铁路运输企业和工程设计、施工单位制定安全施工方案，按照方案进行施工。

• 施工完毕应当及时清理现场，不得影响铁路运营安全。

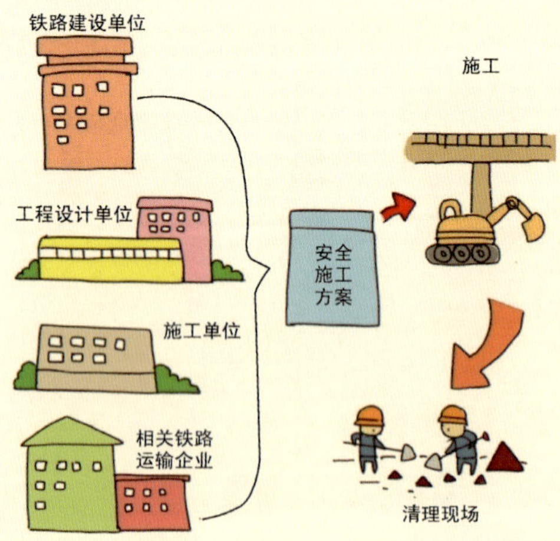

铁路运营安全管理相关规定

铁路职工作为铁路运营安全管理的主体，除了要了解铁路施工现场的标志和铁路沿线的一些安全管理规定，更重要的是了解铁路运营安全管理方面的相关规定，我们将这些规定进行了归纳总结，相信了解这些会对铁路运营安全有所帮助。

机车车辆驾驶人员考试合格方可上岗

铁路机车车辆的驾驶人员应当参加国务院铁路行业监督管理部门组织的考试，考试合格方可上岗。具体办法由国务院铁路行业监督管理部门制定。

安全监督检查人员应当佩戴标志或出示证件

实施铁路安全监督检查的人员执行监督检查任务时，应当佩戴标志或者出示证件。任何单位和个人不得阻碍、干扰其依法履行安全检查职责。

铁路运输企业公告制度

铁路运输企业应当在列车、车站等场所公告旅客、列车工作人员以及其他进入车站的人员遵守的安全管理规定。

列车车厢内

车站等公共场所

火车票实名购买、查验制度

铁路运输企业应当按照国务院铁路行业监督管理部门的规定实施火车票实名购买、查验制度。

实施火车票实名购买、查验制度的，旅客应当凭有效身份证件购票乘车；对车票所记载身份信息与所持身份证件或者真实身份不符的持票人，铁路运输企业有权拒绝其进站乘车。

铁路运输企业安全检查职责

铁路运输企业应当按照法律、行政法规和国务院铁路行业监督管理部门的规定，对旅客及其随身携带、托运的行李物品进行安全检查。

从事安全检查的工作人员应当佩戴安全检查标志，依法履行安全检查职责，并有权拒绝不接受安全检查的旅客进站乘车和托运行李物品。

不得携带的违禁品

乘车不得携带危险品、动物及妨碍公共卫生（包括有恶臭等异味）的物品、损坏或污染车辆的物品、规格或重量超过免费携带范围的物品。

铁路旅客不得违法携带、夹带管制刀具。

铁路运营安全管理相关规定

铁路旅客不得违法携带、托运烟花爆竹、枪支弹药等危险物品或者其他违禁物品乘坐火车。

铁路信号颜色及其含义

铁路信号颜色及其代表意义：在区间上是绿灯行；红灯停；黄（还有绿黄，四显示时）灯减速。出站信号是绿行红停。

机车上也有信号灯，绿行；黄减速；双黄减速进侧线、红黄表示要停在那架信号机前；红要求立即停车；白表示车上信号设备故障或收不到信号。

铁路设施设备的维护和管理

铁路运输企业的从业人员应当按照操作规程使用、管理铁路设施设备。

铁路运营安全管理相关规定

铁路运输企业、为铁路运输提供服务的电信企业应当加强对铁路信号和通信线路、杆塔的维护和管理。

检查信号机

检查信号设备

检查列车

检查铁路坠坨设备

铁路运营食品安全管理

铁路运输企业应当加强铁路运营食品安全管理，遵守有关食品安全管理的法律法规和国家其他有关规定，保证食品安全。

网络与信息安全应急保障体系

铁路运输企业应当建立网络与信息安全应急保障体系，并配备相应的专业技术人员负责网络和信息系统的安全管理工作。

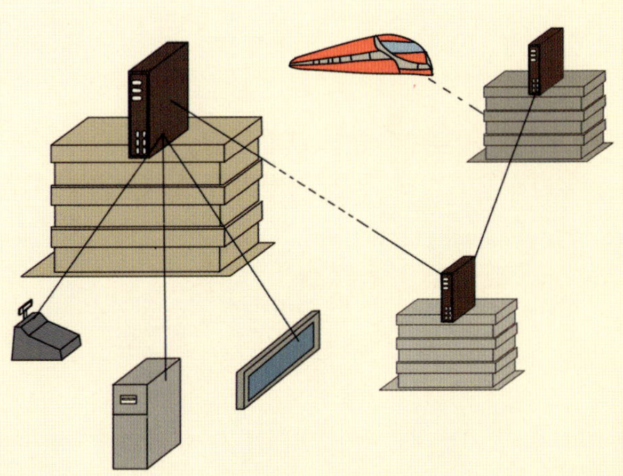

危险品运输注意事项

铁路运输企业应当对承运的货物进行安全检查，并不得有下列行为：

- 不得在非危险货物办理站办理危险货物承运手续

- 不得承运未接受安全检查的货物

● 不得承运不符合安全规定、可能危害铁路运输安全的货物

办理危险货物运输业务的工作人员和装卸人员、押运人员，应当掌握危险货物的性质、危害特性、包装容器的使用特性和发生意外的应急措施。

铁路运输企业和托运人应当按照操作规程包装、装卸、运输危险货物，防止危险货物泄漏、爆炸。

铁路运营安全管理相关规定

铁路运输企业和托运人应当依照法律法规和国家其他有关规定包装、装载、押运特殊药品，防止特殊药品在运输过程中被盗、被劫或者发生丢失。

禁止实施危害铁路安全的行为

● 禁止擅自移动铁路线路上的机车车辆，或者擅自开启列车车门、违规操纵列车紧急制动设备

• 禁止拆盗、损毁或者擅自移动铁路设施设备、机车车辆配件、标桩、防护设施和安全标志

突发事件应急预案的制定与演练

铁路监管部门、铁路运输企业等单位应当按照国家有关规定制定突发事件应急预案，并组织应急演练。

接受表彰或奖励

对维护铁路安全作出突出贡献的单位或者个人，按照国家有关规定给予表彰奖励。

事故避险与急救

铁路安全生产十分重要，若发生事故，不要惊慌失措，要沉着冷静。首先，要停止生产活动；第二，要跟上急救。同时要及时报告，小心撤离现场。因此，掌握一些事故避险和急救的小知识，对于铁路职工安全生产很有帮助。

机动车或者非机动车在铁路道口内发生故障或者装载物掉落

机动车或者非机动车在铁路道口内发生故障或者装载物掉落的，应当立即将故障车辆或者掉落的装载物移至铁路道口停止线以外或者铁路线路最外侧钢轨5米以外的安全地点。

事故紧急处置

事故发生后，列车司机或者运转车长应当立即停车，采取紧急处置措施；对无法处置的，应当立即报告邻近铁路车站、列车调度员进行处置。

为保障铁路旅客安全或者因特殊运输需要不宜停车的，可以不停车；但是，列车司机或者运转车长应当立即将事故情况报告邻近铁路车站、列车调度员，接到报告的邻近铁路车站、列车调度员应当立即进行处置。

车内人员伤亡或者危及人员安全时的处置

客运列车发生事故造成车内人员伤亡或者危及人员安全时，列车长应当立即组织车上人员进行紧急施救，稳定人员情绪，维护现场秩序，并向邻近车站或者列车调度员请求施救。

你好，是 XX 车站吗？我是 ×× 车列车工作人员，本车于 ×× 处发生了一起事故，请立即组织救援……

发生列车火灾、爆炸、危险货物泄漏等的处置

发生列车火灾、爆炸、危险货物泄漏等事故时，现场铁路工作人员应当尽快组织疏散现场人员并采取必要的防护措施。

急救常识

紧急电话

当你发现现场出现人员受伤或人员处在危险状况下时，一定要及时拨打紧急电话，并立刻向有关部门负责人汇报。

触电急救

立即切断电源，或用干燥木方、模板等绝缘材料，迅速将人与带电体分开。

将伤者平放在干燥的地面上，立即进行就地抢救。如伤者呼吸停止心搏存在，应平卧解松衣扣，通畅气道，立即进行人工呼吸。

尽快联系医务人员到现场救治。

火灾自救

如果突遇火灾必须穿过烟雾时，要用湿毛巾捂住口鼻。身体尽量贴近地面或爬行，迅速向安全方向行进。

如果衣服着火，不要跑，原地趴下，双手捂住脸，反复地滚动，直到把火熄灭为止。

废墟自救

塌方时要保持冷静，尽快找到自救方向，或发出求救信号。

久在暗处，突遇阳光，切勿睁眼。

如果身体被废墟掩埋，头部应尽量向空气充足的地方挪动，保存体力，发出信号，等待救援。

人工呼吸

如果受伤人员口中有异物，要先进行清除，疏通气道。

一只手捏住受伤人员鼻翼两侧，另一只手的食指和中指将其下颚抬高，深吸一口气，用口对准受伤人员的口吹入，吹气停止后，放松鼻孔让病人从鼻孔呼气，如此反复进行。

成人每分钟 13 ~ 14 次，最初 6、7 次吹气要快一点，以后转为正常速度。

胸外心脏按压

左手掌放在受伤人员胸骨中下三分之一处，右手掌放在左手背上，抢救成人要用双手，抢救儿童要用单手。

手臂伸直，垂直下压 3 ~ 5 厘米，然后放松，放松时，掌根不离开受伤人员胸腔。

挤压要平稳，不间断，有规则，不能冲击猛压。

成人每分钟 80 ~ 100 次。

结　语

铁路的安全生产、运营需要铁路职工、沿线人员和旅客等方方面面人员的共同努力，了解铁路安全生产、安全运营方面的知识和注意事项，树立安全意识非常重要。铁路职工在其中起到引导、管理、监督、检查等多项职能，只有我们做好，把安全意识养成一种习惯，起到表率作用，才能真正带动整个铁路运输系统和铁路运输环境安全、有序，让我们一起努力吧！